Klaus Meyer-Makelis

Seele los

Gedichte
Zeichnungen

1982–2005

Dank an Henrik Jeep für das Layout,
an Angelika Nette und Karin Stephan
für die redaktionellen Hilfen.
L.Makelis@gmx.de

Klaus Schwarz Verlag GmbH
Fidicinstr. 29
10965 Berlin
info@klaus-schwarz-verlag.com

© 2010 by Lucia Makelis
Alle Rechte vorbehalten
gedruckt auf chlorfrei gebleichtem Papier
Printed in Germany
ISBN 978-3-87997-378-1

für
Niels, Sibylle, Paul

Prolog

Zuerst

wollte ich etwas über die
Welt wissen
dann

wollte ich etwas über
mich wissen
jetzt

sehne ich mich nach
der unwissenden
Freiheit.

Tanz in die Zukunft

Komm lass uns
feiern trinken reden
trinken reden tanzen den
Tanz ins Futur wir
das Corps du Ballet
von Männern und
Frauen unentschieden
sieben zu sieben.

Wir leeren die
Gläser und lassen sie
am Fresco der
Engel zerschellen. Uns

wachsen Flügel aus
Bäuchen und Mündern.

Wenig Genug

Hier ein
Blick da ein
Wort und die
hastige Suche nach dem
Gedanken der beides
zusammenführt.

Die Blätter liegen wie
rostiges Eisen.
Sie schneiden in
meine barfüßige Seele.

Wünsch' ausgedehntes sein
nicht schwere
leichtigkeit
angefüllt mit feinem stoff.

Wünsch' getröstet ich
erschrecken vor freude
umgeben von möglichem tun.

Wünsch' helles auge ohn'
hochmut und stolz
widerschein vom
anfang und ende.

Gartenarbeit

Unter dem
welken Laub die
Antwort
unter der
Antwort die
immergrüne Frage.

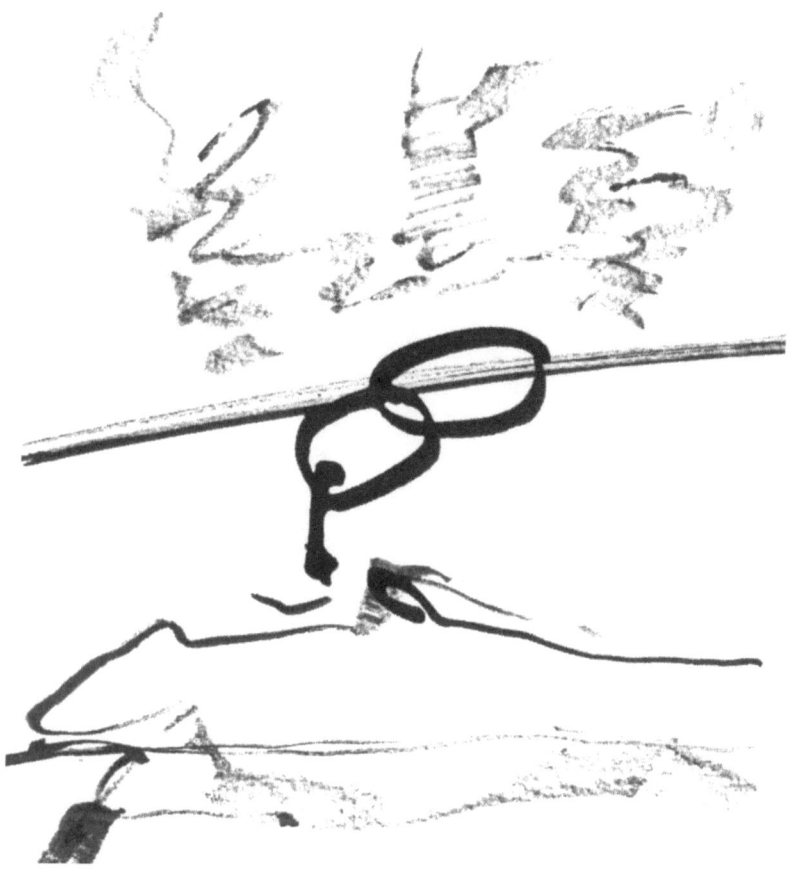

Meine Taschen sind wohlgefüllt.

Die Wünsche quaken wie die
Frösche am Abend.

Das Blatt
am Baum
verdeckt den
Himmel.

Das Blatt
am Boden
verdeckt
Ungemach.

Beim Ausmisten
wurden zahlreiche
Kuscheltiere gefunden.

Eines atmete noch.

Beinahe wäre es mit den
andern in den
Müll gewandert.

Krieg der Vater

Der Vater trägt die hölzerne
Kiste mit den kleinen Gebeinen.

Mit harter Schulter geht er
über die steinige Erde die ihm

Freude und Schmerz war und nun
auf die kleine Gegengabe wartet.

Unter den Stadtnomaden sind
die Lumpensammler die Könige.

Sie tragen feiner Lumpen Kleider
sie nageln schwere Samtvorhänge
vor die Luken ihrer Bretterburgen.

Sie schmücken sich mit Vogelfedern.
Sie können jederzeit auffliegen und sich

an einem andern Platz niederlassen.

Der Wind fegt Laub.

Auf dem Pflaster hier und da
goldene Blätter. Darunter

Hundehaufen.

Der Freund der

nie krank war
fiebert. Ihm
ist jedes Wort von

mir zuviel.

Mein Blick geht ins

Leere auf meinem
Rücken klebt das

Bild der Welt.

Und dann kommst Du um fünf.

Und dann gehen wir zusammen ins Kino.

Und dann sehen
und sprechen wir uns eine Weile nicht.

Sonst kann ich dich nicht mehr entbehren,
verstehst du?

Mündig

Der Wunsch an der
Hand geführt zu werden den
Kopf frei geschmückt mit
Augen und Ohren die
Lichtmusik das
Wissen das
Nichtwissen durch die
Welt der Gefühle wie
sagt man den Dschungel mit
seinen Gift- und Galle-
pflanzen der Zauberkraft der
Boa constrictor – der
Wunsch einen Schlüssel zu
besitzen – nun wo

alles verschlossen der
Mentor gestorben die
Sprachen versunken die
Schäfte der Säulen in den
Sanduhren verrieselt sind
wende ich mich an die
Jungen aber auch sie
verlieren mich aus den Augen.

Lobet eure Schöpfung

Bewohnt zerbombte Städte.

Esst Müll aus Mülltonnen.

Streichelt räudige Hunde.

Übergießt Fish and Ships
mit geweihtem Wasser.

Trinkt Amen – Amen.

Tags darauf

Das Sodbrennen hat nachgelassen.

Der Molch ist ausgespuckt.

Die abgeblätterte Farbe schneidet nicht
mehr ins Nagelbett.

Versunken sind: ein

Holzhaus eine
Brücke ein
Bahndamm
Verstecke von
Tieren und Menschen.

Die Grabsteine tragen wieder unbekannte Namen die

Kastanien in der Hosentasche sind verschrumpelt

Asphalt hat sich übers Kopfsteinpflaster ergossen.

Im schweren Atem untergegangen das
Rascheln der Kiesel im Fluss.

ob eis-
ob steinwüste
ob schnee-
ob sandsturm: der

verzurrte drache
liebt den
wind und die
jungfrau.

Du bist geladen!
(doch hier ist beladen
meine Seele).

Du stehst unter Strom!
(doch hier zuckt unter Stößen
mein Herz).

Kannst du nicht leiser sprechen!
(doch hier spricht
meine Einsamkeit).

Herbst Zeit Petersburg

Fähr' Flusstal Berg
Hof Hauslaub Gras
Sonn' Lichtohr Aug'
Weg Zaunstein Stock
Most Weinfrucht Fleisch
Büchs' Schrothund Has'
Fasan Federfuchs Bau
Kimm' Kornbart Back'
Rock Grünhaar Fell

Schweiß Blutmaus Mann

Aufgestiegen der

Schwarm der
Gondeln
geblieben nur die
Pfähle der
geträumten Stadt
faulig zerfressen vom
jauchigen Wasser:

Das löchrige Gatter
nagelt die laubbeklebte
Zunge an den
Grund.

Nach dem
Erwachen der
Blick in den Garten –

Schnee ist in ein
verstocktes
Schwarz gefallen die

Stille weckt
Geflüster von
Vorzeitkoniferen.

Geschlossen ist der
Mund quadratischen
Formats.

Ich stehe dazwischen

links neben mir
lacht ein Gesicht
rechts neben mir
lacht ein Gesicht die

Gesichter
lachen sich an durch
mich hindurch geht
Fröhlichkeit durch
mich hindurch geht die
Kraft ihres
Lachens und

macht mich schwach.

*Selbst-
vergewisserung*

An Tagen wie heute
kneife ich mir in die
Wangen. Dann

fühle ich die
Stoppeln in meinem
unrasierten
Gesicht und bin
getröstet.

Zugang finden zum
Denken in
Unwissenheit

Über die Wiese gehen mit den
tausend Blumen deren
Namen man nicht kennt.

(Doch die
Ahnung kommt mit dem
Geruch des frisch
geschnittenen
Grases.)

Der beste Platz

glaub mir der Welt ist
California Sunset Beach zwischen
Straße und Strand auf dem
Parkstreifen für Campinganhänger
steinwurflang mit allem
Pipapo.

Die ewig junge
Dünung schäumt prächtig auf der
kleine dunkle Punkt der
Brandung ist ein
Kopf genau ein
Kopf mit nassem Haar.

In die Tafel der

Himmel eingewebt die
grauen Bänder im
Weiß wie das Weiß im
Blau – fädige Schleier. In den

Bruchkanten freigelegt die
Sterne ich will
warten bis es Nacht ist.

Gestern aß ich Laub im
heimlichen Wald. Die
Zikaden peitschten
mich mit stählernen
Saiten die

Laubnahrung musste ich
erbrechen.

Flüchtige Gedanken
schaukelten mich in die
Wirrnis.

Gebt mir mehr
Laub zur Nahrung und
Zeit es zu zerkauen.

O das ist übel sagen sie.
Wer kann schon auf einem
zerbrochenen Himmel
tafeln?

Was zerbricht was
zerbricht nicht? Die
Lieder lügen: alles zerbricht.

Das fein Geschnittene
entfaltet den
Geschmack am besten.

Abgetragen die
Seele Schicht für
Schicht. Sie wird nicht
zerreißen. Sie folgt dem

niedersinkenden
berstenden Himmel
nicht.

Sie schwebt: feiner
grauer Stoff.

In die Quelle tauche
ich den Stoff. Ich

schlage ihn auf den
Rand des Beckens er
wird nicht

zerreißen er ist
gut gewebt. In ihn

eingehüllt schleifen mich die
Fluchtgedanken über den
Laubboden des Waldes.

Demütig lege ich die
Stirn auf die
gestrenge Erde.

Was geschieht im
Innern der Kopfes was
nicht auch
sonst geschieht?

Es ist die letzte
Frage die ich stelle.
Ich

werde zurück ins
Wäldchen gehen mich
wiegen und
Laub essen.

Mit verstellter Stimme

Der Wind blies gleichmäßig.
Irgendwann aber brach aus ihm eine Bö
mit doppelter Stärke hervor. Wir
schwankten und suchten Halt – der
Sturm hatte sich das Kind geholt.

Stählerne Keile zerschneiden den Himmel.
Der Lärm der tief fliegenden Kampfjets
bricht Köpfe auf.
Wir sitzen unter Zypressen und
Laubdächern.
Wir trinken Wein und verderben die
Stille Pans.
Wir reden vom Misslungenen und wie es
doch noch gelingen könnte.

(Die beiden alten Männer, die,
nebeneinander sitzend ins weite Land
blickten, nahmen Abschied.
Sie saßen da den ganzen Tag,
viele Tage. Ich sagte:
Abschied nehmen kann lange dauern.
Ich sagte nicht: bei mir dauert
es schon das ganze Leben.)

Der Engel

sein Gesicht
weitgespannt zwischen
Himmel und
Horizont

schreitet federnden
Schritts über
meine Haut

entfernt
sich durch den
Fluchtpunkt über den
Straßen der
Vögel und Menschen

legt eine
unauslöschliche
Spur.

Main
Fluss
Innerste

Schleusen-
feuer treibt Spieße ins
dunkle
Fleisch des stillen
Stroms einen

Pfahl
auch ins
Herz der Arche
Musik bei
lebendigem Leib.

Immer häufiger

erreichen mich
Anrufe aus dem
Jenseits.

Artig bedanke
ich mich für das
Interesse und

bedaure wegen
wichtiger Termine
unabkömmlich zu sein.

Namen
erinnere ich und
Namen für Worte

umspinne sie mit
Gedanken-
Fäden. Ich

bin das
Netz und die
Beute.

Wald im Rufen

Aus dem Nebel in das Horn
aus dem Mehlwurm in das Korn
aus dem Topf in den Schmalz
aus dem Lied in den Hals
aus dem Feuer in das Eisen
aus dem Magen in die Speisen
aus dem Kind in die Frau
aus der Wurst in die Sau
aus dem Fleische in den Pfahl
aus der Freiheit in die Wahl.

Muh

Schnauzen
Hörner
Schwänze
Euter
Muh.
Staub
Glotzen
Muh.
Schwarz
Braun
Gelb
Muh.
Kuhfladen
Muh.

Da fragt
man sich wie es
weitergehen soll als
wäre eine
Frage ein
Mittel gegen die
Antwort.

Augenlos
bedrängt Dauer die
Schrift auf den
durchatmeten

Steinen
schiebt sie ins
Jenseits zum
Diesseits des
Schreckens.

Was gemeint ist

Brauchst nur von der
Erde zu reden ihrem
Geruch und
herauskommen
lassen die Sonne.

Brauchst nur vom
Wind zu reden von
Früchten und vom
Laub zusammengefegt.

Von Schnee nur Stille
Nacht und Mond zu
Füßen liegend.

Ein junger Hund zerrt an der Leine.

Ich bleibe stehen denn
er möchte mich riechen können.

In der Großmarkthalle wurde
stets Vergängliches gesammelt:

Früchte zum Verzehr
Menschen zur
Deportation
neuerdings Geld.

Die Bilder wurden abgehängt.

Noch sieht man ihre
Umrisse an der Wand.

Ins nördliche Blau

Der Druck nimmt zu das
Werk des Schöpfers kann
beginnen.

Trittsteine legt er
aus und ordnet sie nach
Jahr und Zahl.

Und wenn das
Licht schräg übers Wasser
geht spricht Sinn
dem Himmel Trost.

In der
Schwermut der
Wanderjahre gegen die
Horizonte und kein
Innehalten

unaufhörlich
schiebt Tal über
Tal sich zu
Bergen.

Kyrillisch

Mutter und Schwester Kyrills sitzen am
Tapetentisch verkaufen den
abwesenden Helden Brot und Suppe.

Nein sie sind nicht verbittert sie sind
ruhig denn sie wissen sich
unter dem Schutz des Apostels.
Sein Bild hängt hoch an der Wand.

Die Schrift nein sie können sie nicht
lesen niemand kann sie entziffern doch
sie zählen die Bahnschwellen die
sich durchs Lager ziehn die
Schritte
ein Segen
und einer geht voran dem zu trauen ist.

Die Kinder aber werden unterwiesen die
Zeichen zu deuten die
vertraut sind und vertrackt zugleich
vor den schwarzen Tafeln in
Küchen ohne Herd und
dann sind da noch die

schädelspaltenden
Namen seiner Nachfolger.

Walcheren

Da schlackert nichts
da stöhnt nichts –
Pfähle im Sand sind nicht
Pfähle im Fleisch.

Holzpfähle sind keine Zahnstümpfe.

Bemooste Pfähle
sanft umspült vom
ablaufenden Wasser eingespült in den
schwebenden Sand
Sockel für
triumphierende Seevögel dem
Wind vermählt nicht der
Bronze alter Kanonen.

Das Ferne rückt näher

Während ich auf der
Brücke mit einem
Schwan rede
steht mein alter Freund unten im
Kahn und lacht herauf.

Spring! ruft er. Da fliegt der

Vogel mit mir auf und
setzt mich sanft
neben ihm ab.

Wenn die Haut

dünn und brüchig wird
verlassen die Organe den Körper.
Ohne schützende Hülle
sind sie den Unbilden der
Umwelt ausgesetzt
insbesondere der Kälte.

Selbst eine zärtliche Berührung
macht sie schreien vor Schmerz.

Ich schreibe ein
Gedicht nach dem
andern. Eines

gerät so
stumm wie das
andere. Ich

wollte die
Stille nun hab ich das
Schweigen.

Park in Lagos

Berechneter Urwald:
Wurzelnetze
Geflecht der
fleißigen Sonne – die
Lagune sickert ins
krause Grün.

Schwarzer Bruder
zapf den
Palmwein bereite den
Rausch vor.

Ein Reiher
schlangenbereift
schwebt ein.

Diesen Sommer deckt ein
niedriger Himmel
dieser Sommer versickert
schon im Herbst.

Bauernsommer Blechsommer
zieht er über die
kurzen Hügel.

Dieser Sommer schließt die
Türen spannt die
Sprache um die
Bäuche der Männer.

Dieser Sommer trauert in den
Seelen sucht seinen
Platz am Haus.

Toskana

Windets und hebt an
will viel wird leiden das Jungblut
wenn leicht verletzt nur
die dreißig Jahr und lang
der Mittag so lang wir
nie ihn hatten.

Das war uns berechtigt Klag
kling klang
blick ostwärts am Abend
mildlich Kontur du selbst
hier findest dich
wo sonst.

Sind Reben blau kopfüber
hängend Gründach wohlig bloß
Buchgedank früh
kommen doch
nie gelebt.

Kommst Vater du
Vater Padrone über mich
lehn ich die Last an den
Hang schlägst zu
schlägst mich Dank
Dank dafür – so hab ich
Schwere die unser
Zeit ist hab ich.

Anmeldung

Weil wir das
Weiß des Winters
lieben an einem Morgen
wie diesem – das feine
stäubige Weiß für einen
halben Weg tritt

bang ein Knabe aus
der Kindheit in den Tag
und nimmt es – nur eine
Handvoll nur ein
kleines Lachen.

Ein Baum ein
Haus ein
kleines Haus
daneben: kein
Wind und
kein Gewicht und
Früchte die
ins Grün verbluten –

der Sonne Kreis
wie eine
Krone.

Das liegt vor Augen
und verbirgt sich
doch im Atem
fortgesetzt.

Ausstellung 1

Im gläsernen
Mausoleum das
Leporello der
Gesichter überspielt von
musica viva auf
alten Instrumenten.

Die Trauergemeinde
verspricht sich dem
Brauch zur
Würde während ein
Verwirrter die
Namensschilder
entfernt.

Ausstellung 2

An den Vitrinen
stoßen Moral von der
Geschicht' und
Kasperl' sich die
langen Nasen platt.

Tusch für meine Freunde

Der Takt der Ampel grün-gelb-rot
der Takt der Ampel grün-gelb-rot.
Die Nasen und der Schnaps
die Nasen und der Schnaps.
Der Nebel dämpft den Takt grün-gelb-rot
der Nebel dämpft den Takt rot den
Takt rot den Takt rot.

Treu sein
dem Fragen – dieser
einzigen
friedlichen
Form der Freiheit ?

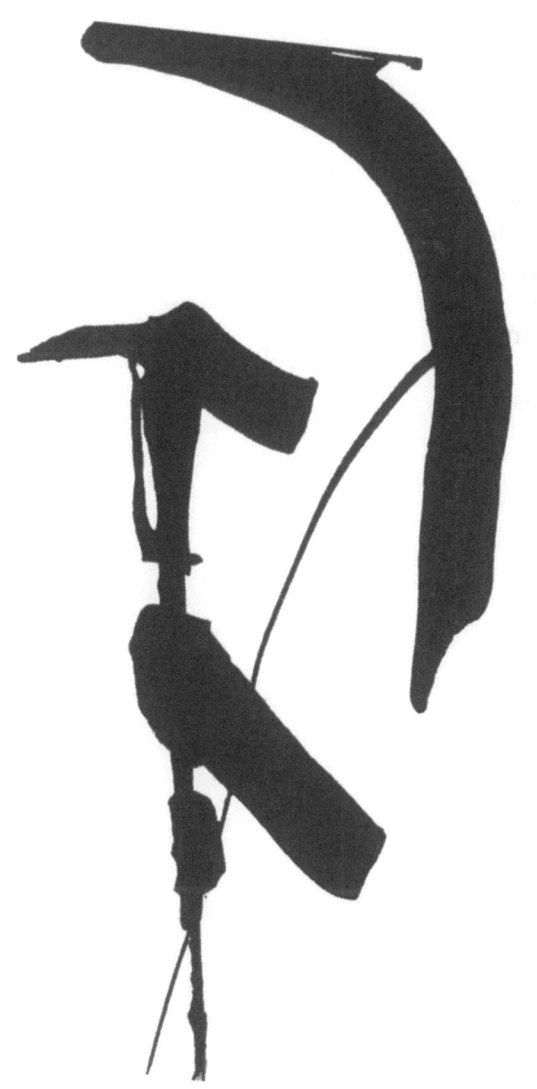

Nein

Einziges
Wort
auseinander
gelegt zu
Sprache
verstummt:
Leben
doch das ja.

Wetzlar

Der Fluss
schneidet durch die
Knochenmanns-
stadt und
holt die
Menschen aus
dem Gerüst.

An der
Biegung
landen sie an und
gehen zurück zum
Werk: groß
kraftvoll in
schwellendem
Fleisch.

Zeitpunkt der Geburt
Zeitpunkt des
Erlöschens:
Herr der Dinge –
nicht.
Herr des Zufalls –
nicht.
Und doch Gewissheit.

Wie lange noch

Niederschreiben die
Namen der Pflanzen der
Inseln irgendwo
in Reichweite –
umranden die Wolken und den
Geruch trinken der
feuchten Erde:

nimmt doch das
Meer den Geliebten mit sich
fort und bringt ihn aus der
Weite des Himmels zurück –

schaut doch die
Wahrheit aus den
Augen der Tiere und
färbt sich die Seele noch
immer wie Herbstlaub.

M.B.

Der Maler sah auf
diese Stadt am Fluss der
eiserne Steg und nun
der Fährmann.

Auf die Synagoge über
auf die Brücke über
auf das Wasser ohne
Narben auf das Ufer mit
dem Namen noch ohne
Bedeutung.

Möge das Fremde
fremd hier
bleiben die Erinnerung
wach halten an das
Andere der
Armut.

Mit ausgebreiteten Armen
die Erschöpfung des dunklen Landes –

den Verstiegenen ein Denkmal
auf halber Höhe –

gegen den Himmel das Gesicht
und ein Schrei der Freude.

Winklig mit
geschlossenen Augen
sitze ich. Eine Hand
hält die andere.

Winklig das
Schwarzweiß der
Knöchel. Ich

sitze und rechne nach.

Sie haben sich nie
verlassen: die Mutter der
Sohn der Sohn des
Sohns.

  Hundertmal täglich
    klingelt das Glöckchen.

Sie trauen den Türschlössern nicht und
pflanzen
Hellebarden.

Sie sind leichter als
Flasche und Zeitung und das
eingefaltete Verlangen.

Sie lächeln sich in die
Arme.

  Auf dem
    Eisschrank
      kräht der Farn.

Wenn du zurückkehrst
sprachlos
in die Stille
beladen mit Beute und berstender
Seele wappne dich zu neuem
Kampf. Aus der

Dunkelheit der
Mauern die
Augen der
Worte wie
Sterne.

Wie lange ich schon warte

sagt meine Hand die das Kinn stützt.

Hinten am Fenster sitzt ein Doppelgänger.

Der Freund zahlt nicht zurück und
meine Gefährtin hat eigene Pläne.

Das linke Bein ist abgestorben. Da kommt
Mutter und räumt auf.

Wenigstens ein Wort
ein Wort nur
für den Tag angefüllt

mit dem Nagen der
Tiere und dem Flüstern
der Koniferen.

Ein Wort nur und
der Wind schlüge
die Sänger in die Flucht.

Eben noch
wollte ich
dir etwas sagen.

Nun warten
meine Worte auf deine
Gedanken.

Venedig das Wort

In die schrundigen
Räume der verlassenen Worte
eindringen
besetzen die
hohen Hallen
mit der Todesschrei-
akustik den Melodien der
streunenden
Katzen durch die
frühen Gassen der
Sätze gehen über
gebuckelte
Brücken über
schimmernde Kanäle
schneiden durch das
Venedig ohne
Venezianer golden alt
rattig: der
blutrote Doge sein.

Was ich am Abend schrieb

ließ ich ruhn über Nacht.
Schwer war der Schlaf der
Worte und ihrer Wünsche.

Lass die Dinge für dich ruhn
wenn dich der Schlaf flieht.

Von ihm ist nichts
geblieben nicht
einmal
sein Schatten

sein Blick nur der
verstohlen auf den
Dingen ruht

Epilog
oder
In eigener Sache

Die einfachen Worte
locken mich zu sich.
Sie verbergen in
wenigen Zeilen ein
ganzes Leben beladen mit
Nächten in
Furcht verhangenen
Himmeln Gelächter und
starken Gefühlen.

Dichten wollt ich mein Leben lang,
dichtend begleiten der Tage Gang.
Dichtend mir die Gedanken schärfen,
dichtend den Hut in die Wolken werfen.
Dichtend dem Feind in die Augen sehn,
dichtend ins Jenseits übergehn.

Die japanische Schriftkunst – Sho –
geht den Weg von der Schrift zurück zum Bild.
Meine Versuche bewegen sich in die
Gegenrichtung: vom Bild hin zur Schrift –
einer Schrift, die sich die Besonderheit des
Bildes aneignet.

Ich will keine Bilder – ich will *Schrift*.
Ich suche die Bilder, die sich der Schrift nähern,
    die auf dem Weg zur Schrift sind.
Ich will die Bilder verwandeln, auf den Weg zur
    Schrift bringen, indem ich sie auflöse.
Ich schreibe, weil ich an die Vorstellung heran-
    kommen will.
Auch die scheinbar unentzifferbare Schrift rüttelt
    an der verschlossenen Tür
der Vorstellung.

[Die Herausgeberin] [Zur Sammlung]

[Zu den Gedichten]

Die Gedichte von Klaus Meyer-Makelis sind in den Jahren von 1982 bis 2002 entstanden. Ich habe sie aus verschiedenen Bänden und Manuskripten ausgewählt und neu zusammengestellt. Eine thematische Gliederung schien mir zunächst sinnvoll. Ich habe sie dann aber wieder verworfen. Die Rückbindung der Gedichte an Themenbereiche hätte meiner Meinung nach eine unangemessene Festlegung ergeben. Die getroffene Auswahl und vorsichtige Aneinanderreihung sehr unterschiedlicher Aussagen sind ein Versuch, der Vielschichtigkeit seiner Texte, seiner Persönlichkeit und nicht zuletzt seines Lebens gerecht zu werden.

[Zu seinen Bildern]

Alle Zeichnungen sind mit Japanischer Tusche hergestellt, manchmal mit Pinsel, ein andermal mit dem Tuschestein direkt aufgetragen. Keines der Bilder hat Klaus Meyer-Makelis mit einem Titel versehen. Ein Zusammenhang zu den Texten ist herstellbar, aber nicht zwingend. Die zeichnerische Arbeit in den Berufsjahren als Architekt – besonders in den Entwürfen und bei der Ideenfindung – ist hier sicher als Grundlage für die spätere Weiterarbeit in diesem Bereich anzusehen.

Frankfurt, im November 2009　　　　　　　　　　*Lucia Makelis*

[Nachwort eines Freundes]

„Dein Motto heißt – Nur keinem Streit aus dem Wege gehen." – habe ich einmal konstatiert. Da kannten wir uns schon lange und er hat gelacht und geantwortet: „Da ist was dran."

Wir haben uns – wenn ich mich recht erinnere – nur ein Mal gestritten. Ein nichtiger Anlass hatte sich eingeschlichen in unser Gespräch in unserer geliebten Kleinmarkthalle. Und doch gab es triftige Gründe. Die aber lagen in den Tiefen unserer Psyche, vermute ich.

Es ging ums Fernsehen – gar nicht mehr mein Thema, ich hatte schon längst kritische Distanz. Aber Klaus meinte nun an diesem Tag, er habe einen Vertreter des TV-Establishments vor sich. Diese Fehleinschätzung hat mich getroffen, ich bin bald meiner Wege gegangen. Beim nächsten Telefonat war das schon vergessen...

Seine Debattierlust wurde auch auf der Grabfeier hervorgehoben. Da wünschten wir uns alle, ihn wieder zu hören. Den Mann ohne Blatt vor dem Mund, den Denker. Die Konsequenzen hat er getragen, mit seinem eigenen Stolz. Die weitreichendste: Seine Ausbootung aus dem Karrieretanker der Architekten. Klaus hatte sich in Dietzenbach als Kandidat der DKP aufstellen lassen. Damit war Finito, aus der Husten. Keine Aufträge mehr. Berufsverbot, ohne Richterspruch; ohne dass jemand es so nannte. Aber letzten Endes kam das dem Maler, dem Photographen, dem Schriftsteller, dem Philosophen Klaus zu Gute.

Bei Marx und Adorno, auch bei Schopenhauer, da war er firm. In der Schule der Atheisten gefirmt.

Ich habe davon profitiert, am Main, auf einer Bank, den Blick aufs Wasser, gemeinsam mit ihm Ruderer – Reminiszenzen rekapitulierend. Er in Goslar, ich in Hamburg Schülerruderer. Kielschweine waren wir nicht, hatten also ähnliche Vorlieben, uns körperlich zu fordern.

Bei Ulrike in Darmstadt hatten wir das festgestellt. Anfang der 80er Jahre war das. „Odi profanum vulgus et arceo" – darauf konnten wir uns verständigen.

Jahre später habe ich Klaus den Dichter, Klaus den Maler kennengelernt.

Auf dem schrottigen Gelände am Main, dicht am Osthafen, hat er Photos gemacht, Kräne als Hauptmotiv waren darauf, Strukturen, Linien, Graphisches waren die Ordnungselemente. Klarheit, die sich einem erschließt, wenn man eintaucht in die Bilder. So auch seine Texte – zeichenhaft, leicht dahin, und doch tief, wie das Wasser im Schwedler See. Oft saßen wir an seinem umlaubten Ufer, tauchten ein in den leisen Reiz dieser Abseite.

Ab und an radele ich dort hin. So bleibt Klaus lebendig – im Wispern der Blätter, ich höre seine Texte. Und auf der Rückfahrt sehe ich wieder Motive seiner Bilder. Auch sie bleiben mir, sie sind bewahrt.

Wiesbaden, im Oktober 2009   *Achim Gerloff*

Klaus Meyer-Makelis

1936	*geboren am 20. September in Goslar am Harz als ältester von drei Söhnen*
1952	*Tod des Vaters*
1956	*Abitur*
1956–62	*Architekturstudium in Hannover*
1960–69	*erste Ehe*
	1961 Sohn Niels
	1963 Tochter Sibylle
1962–85	*Ausübung des Architektenberufs, vorwiegend in Frankfurt am Main*
1976–82	*Studium der Philosophie in Frankfurt am Main*
1986	*zweite Ehe*
	1987 Sohn Leon Paul
1985–2008	*schriftstellerische Tätigkeit, Prosa, Theaterstücke, Gedichte, Bildende Kunst, Zeichnung, Malerei*
2008	*gestorben am 2. September in Frankfurt am Main*

Bei Fragen zur Produktsicherheit wenden Sie sich bitte an:
If you have any questions regarding product safety,
please contact:

Walter de Gruyter GmbH
Genthiner Straße 13
10785 Berlin
productsafety@degruyterbrill.com